JN411606

발칙한 봄

정애경 시집

시와사람

이 도서의 국립중앙도서관 출판예정도서목록(CIP)은
서지정보유통지원시스템 홈페이지(http://seoji.nl.go.kr)와
국가자료종합목록 구축시스템(http://kolis-net.nl.go.kr)에서
이용하실 수 있습니다.
(CIP제어번호 : CIP2020047579)

발칙한 봄

■시인의 말

삶은 날마다 창의적이어야 한다.
반복되는 일상일지라도 어제와 똑같은 날들은 없다.
아슬아슬 멀어져 가는 생의 장면들 속에서
시가 찾아오는 시간은 내게 항상 커다란 기쁨을 선물하여 주었다.
혼자서 만이 아니라 누구라도
시의 아름다운 장면들을 공유하고 싶은 바램이
시집을 엮는 마음의 소박한 동기였음을 밝힌다.

생활 속의 서정으로 엮어 놓은 시들이
사계절의 여행을 마치고 돌아와
여기 흔적으로 남아있다
내가 간작한 세월의 길 위에서 만나고 헤어진 모든 분들 게
감사드리며.

차 례

1 세례식

2 걷는 이유

3 세월, 돌을 깎다

4 생활의 聖者

1

세례식

꽃 덫

어떤 향기는 상큼했고
어떤 향기는 텁텁했다

그만,
꽃 덫에 걸리고 말았다

숲의 이름

동박새 노랑 브릿지 염색이 유혹하는
그 숲의 이름은
보ㅁ

문을 여니, 봄

봄이 오면
내 마음 열어 둬야겠다

봄비 오면
빗금처럼 스며들 수 있게

그리하여
내 마음에도 봄꽃이 피어나

봄비 내리는 날
그대에게 소담히 서고 싶다

온통, 봄물로 가득히
그대에게 흐르고 싶다

젖은 향기로 흥건히
그대 가슴에 고이고 싶다

꽃비에 젖어
콧물감기에 걸려도 좋을 봄

발칙한 봄

봄, 문패를 달았다
벌렁거린 가슴으로 들어오는 향기들

문지방이 닳아도 좋다
가슴이 미어터져도 좋다
너라면 너의 향기라면

질식해도 좋다
황홀경에 빠져 헤어나지 않아도 좋다
너라면 너의 향기라면

취해도 좋다
불끈해도 좋다
너라면 너의 향기라면

봄날, 꽃물로 흥건한 그 집 문패
봄빛, 스며와 발칙한 향기들의 유혹

목련

하얀 꽃 속에는 천국이 들어 있어요
계단을 밟고 총총 오르기로 했죠
드레스 자락 사뿐히 스치고
기도로 하나 둘 등불을 켜요
순결이 부끄러웠을까요
어둠 속에서 사르르 눈을 뜬 꽃
하늘 닿도록 고개를 빼고
큰 소리 내어 주문을 걸었어요
층층마다 쏟아져 나온 검은 강을 건너온 시간
참회의 눈물로 핀 꽃잎이 하늘을 떠받칠 때
합장한 두 손에 꼭 쥔 기도문이 천국을 열어요
누구나 불빛을 볼 수는 있겠죠
누구나 천국 문을 열 수는 없어요
봄비 속에 하얀 등 소멸될 때
초록 잎 걸어 빗장을 닫습니다
깍지 낀 손 내려놓지 못하는

당신의 봄

아직 만나야 할 사람을 만나지 못했는데
눈꽃은 햇살에 녹아버렸습니다

아직 만나야 할 그대를 기다리는데
벚꽃은 바람에 흩어져버렸습니다

떨어지는 꽃잎만 하릴없이 바라보다
벚꽃을 눈꽃이라 우겨보고 싶었습니다

봄 눈

2월 끝자락
며칠 동안 진저리치게 발광을 하더니
날 선 칼바람에 베이고도
봄 눈발들의 공중부양은 끝나지 않았다
얼마를 더 기다려야 사정(射精) 을 하려나
드디어 지루증 발기가
눈꽃 잎들이 부풔 터진다
하얀 정액 가루를 흠씬 쏟고 마는

지상은 이제 잉태할 일들만 남았다

공기의 음률

여름 끝자락의 방문을 열자
피부에 와 닿는
공기의 느낌

마치 공중 목욕탕의
온탕과 냉탕의
사이 같은

매미가 울대를 접고
귀뚜라미가 목청을 가다듬을 때

한 계절의 끝과 처음이 조율하는
음악 같은

순식간의
음률

감정조절

담을 칩니다
노랗게 국화가 필 때면
바람이 자꾸 말을 걸어옵니다

담을 하나 더 칩니다
붉다 못해 흥분으로 날뛰는 발정 난 뒷산에
마음 빼앗기고 말까 봐

가을에는 스스로 담을 준비해야만 합니다
꽃잎도 바람도 햇살도 모르게

바람이 걸어오는 귓속말에 흥분된 가을 뒷산
붉어져 버린 꽃잎이
치마를 내리고 말까 봐

강변 이층에서

벚꽃 져버린 가로수엔
그들의 소란스레 머물다 간 흔적

오후 햇살은 강물에 멱을 감고
윤슬에 젖은 결 곱게 빗어 넘긴다

지난 꿈길 속 황홀했던 날들
그 많던, 꽃잎 삼킨 당신
섬진강 입술이 붉다

이층에서 바라본
노을 뜬 강변이 아리다

어둠을 덮고 민낯을 숨기는 쌍계사 길
강물은 절로 소리 없이 흐른다

조계산의 봄

연둣빛 풀잎이
허리를 펴는 들녘

지난겨울
잃어버린 내 붉은 립스틱

훔쳐바른
봄이

여우가 되어
화냥끼를 부린다

숨막히게 조여오는
입김 속에서

찾았다
짙게 바른 내 입술 같은

연산홍
영산홍

취했다
술상도 없는

숲의
집에서

향기나는 이슬

이슬도 향기가 있다는걸
꽃을 보고 알았다

이슬도 바람, 핀다는 걸
햇살 보고 알았다

아침이 오면 흔적을 털며
젖은 밤 말리는 꽃잎

진달래 숲에서

강남 갔던 제비 돌아와
갈겨 놓은 똥 덩이마다
보랏빛 산 제비꽃 피어나

지지배배 꽃무덤 이루고
봄비에 멍든 진달래 통증이 화르르 지고 나면
말아 쥔 연둣빛 이파리들의 손

저 만치
진달래 달래지 못하고
가는 봄

가을꽃 한 송이 몽우리를 튼다

바람이 숲에서 길을 잃었다
갈래 길 끝에 입추가 와서 흔들리고

바람골 아래 물 위에 와 서리는
냉기에 차츰 물러가는 여름의 훈기
숲의 이파리들이 흔들린다

가슴골 타고 흐르던 여름 땀 한 줄기에
마지막 뜨거운 열기를 삭이며
오는 가을 냄새를
바람은 가슴을 헤쳐 식히고

내 보드라운 살결 위에서 혼절하는
가림막 안에 숨은 유두 꼭지 위의 꽃판은
바람이 핥고 멀어져간 추행에
가을꽃 한 송이 몽우리를 튼다

들꽃의 마음

그대가 온다는 것은
마음이 먼저 온다는 것

태양도 내 얼굴 닿기까지

밤을 건너고
숲을 헤치고
물을 넘어서 오듯

얼마나 어려운 마음먹기의
결정인가

그대에게 간다는 것은
마음이 앞서가는 것

향기가 그대 얼굴 닿기까지
꽃대궁 까지 차오르는
물관을 거슬러서
햇살에 고개를 쳐들어야만
이름 하나 얻어지는
얼마나 어려운 들꽃의
모습인가

선암사 홍매화

벙그러지지 마라
담장 아래
꽃, 섶을 푸는 여인의 향기
놀란 물고기 지느러미가 허공을 헤엄칠 때
수행 스님, 고요한 지붕 위로
홍매화 톡톡 피어나면
봄이 어지럽다
흐르는 물에 꽃잎을 띄우고
선암사 뜰 앞이 잠시 부산해진다

선암사에 가면 봄, 발정 난 홍매화
저고리 고름을 푼다

벌, 꽃, 바람, 웃음

벌벌 떨다 날아간 벌
살살 웃다 만개한 꽃

실실 쪼개며 달아난 바람
툴툴 거리는 우울한 햇살

膜 찢는 소리

이제 막, 처녀들 물이 올랐다
매화 나무가 안달이 났다
햇살의 손길이 막 (膜)을 찢는다
선혈이 낭자한 꽃잎에 벌이 침을 꽂는다
바람이 까슬하게 향기를 낚아채 몸을 섞으면
윗동네 사는 산수유, 아랫동네 사는 홍매화
자지러지는 봄날 밤
신열이 오른 찔레꽃도 가시를 세우고
담벼락 넘나들며 금줄을 두른 개나리
노랑 종소리도 봄의 장막을 찢는다

세례식

비의 예보는 적중했다
숨죽였던 땅이 가파른 호흡으로
폐부를 열고
깊게 아주 깊게 빗물을 새겨 넣는다

숨죽여 지내온 날들
머리를 내미는 씨앗의 갈급한 생명마다
이름을 새기는 순간들

봄볕은 느긋하게 새순들을 어루만지고
봄비에 톡톡 털어내는 묵은 찌꺼들의
세례식

찔레꽃에 부치다

찔레는, 찔러대서 찔레라 했을까
찔레꽃 향기가 코를 찔렀다

첫사랑 그가 흘렸던
그 향기에 찔렸듯이
찔레꽃 향기에 그만, 코가 찔리고 말았다

오직, 향기로만 찔러대는 찔레처럼
가시 아닌, 가시 돋친 말로 찔러대는 이들도 있다

찔레의 가시가 제 살을 찔러 꽃을 피우고
향기를 터트리듯

향기 나는 말로 가슴을 찔러
서로의 사랑에 향기가 피어났으면

桃花를 읽다

매화도 아닌 벚꽃도 아닌 연붉은 혈서로 걸어둔 택호(宅號) 질투에 못 이겨 자결을 택한 숨결

벌 나비 뛰어들어 혼절을 유혹하는 매혹의 향기 공주의 화관을 두르고 옷섶을 여미는.

간절기

돌아서지 못하고
주춤거리는 나

다가오지 못하고
망설이는 너

먼저 발길 돌리라고
재촉하는 우리

가지마다 아쉬움이 송골송골 맺혀
씨눈이 근질근질 목이 타는 봄

2

걷는 이유

다독이며 살아온 날

계란말이 하다가 옆구리가 터졌다
신혼 때처럼 서툰 솜씨가 되었는지
그 속에서 튀어나온 마음의 가시 하나
황소고집 참아 내느라 더 이상은 못 살겠다고
나의 소프라노가 날마다 문턱을 넘고

귀가 떨어져간
눈이 멀어져간
입이 닫히고만

시간이 세월 위에 얹어져
지지고 볶아지던 중년이 가고 보니
바람도 납작 엎드려 풀잎을 다듬던 세월
사랑은
달걀말이 터진 살도 다독다독 다독여서
이젠 터진 계란말이 정도는 원인분석 필요 없게 된
간도 딱 맞게 입에 들어붙던 날
다독이며 지켜온

참 사리, 꽃

지는 꽃이 더 아름다운 건 온몸을
불사르기 때문입니다

어떤 꽃도 지지 않을 수 없어
접힌 주름살마다 세월이 쓴 낙서로
가득 차 있습니다

우물에서 길어 올린 두레박 물질에서
삶속에 알알이 박힌
참사리꽃

엄마의 꽃이
이 세상에 가장 숨가쁘게 피었습니다

가장 애틋한 향기로 마르는 중입니다
지는 꽃이 주름 속에서 해맑게 웃습니다

사리가 박힌 엄마의 꽃을
참 사리, 꽃이라 부르렵니다

열애

폭염이다
폭약을 품은 가슴이 있다
정조준 하는 과녁은 이미 불타오르고
핀을 뽑아 든 그의 손끝에 들린
수류탄
터지는 찰나, 폭음이 요란하다
구슬땀을 흘리고 난 뒤의 정적이
흐르는 허공에
말끔한 구름의 흔적을 풀어 놓았다
서로를 별과 달처럼 바라보며
아무 일 없듯 마주 보고 누웠다
열꽃을 가라앉히는

바다

땀방울이 식고난 뒤의
평온한 가슴 위로
세레나데는 울려 퍼지고
열애가 끝나가는
매미 울음소리 뒤에서
가을이 물들어 가기 시작한다

당신을 낚았다

우주에 낚싯줄을 던졌다
덥석, 당신이 물었다
발버둥 쳐도
살이 찢겨도
벗어날 수 없는 바늘

때론 날카로운 바늘이 찌르는
구부러진 말들 곁에서도
사랑의 굴레에서 벗어나지 못한

당신은 내 곁에서 긴 여정을 풀었다
대물을 건져 올린
내 생의 순간이 찬란해 진다
언제나 참숭어 같은 당신
나의 낚시질은 단 한 번으로 끝이 났다

별에서 온 너

너는 어느 별에서 왔니
날카로운 별 조각을
둥글게 말아 쥔 순정
꿈을 갈고 마름질하는 너
아직 나약한 존재지만
희망 광선을 내게로
쏘아 보내는
별빛으로
너는 내 하나의 너였음을

어린 왕자의 꿈

햇살을 물고 있어야만
바다가 푸르다는 걸
바다는 언제부터 알았을까
석양이 지는 오후길
순식간에 바다는 해를 삼키고
지친 열기를 빼내는데
잃어버린 해를 찾아 나서는 어린 왕자
그 꿈을 놓지 말아요
꿀떡, 삼켜버린 꿈이 되살아나는
새벽을 여는 바다

걷는 이유

만나러 가기 위해 걷는다
풀을 만나듯
나무를 만나듯
풀잎에 맺힌 이슬과
나뭇가지 위에 앉은 파랑새를
지금까지도 만나지 못한
그 무엇을,
어쩌면 영영 만나지 못할지도 모르는
시간의 내면에게로
안부를 묻기 위하여서는

걷다가 보면 만나게 될 일이다
별을 만나고
달을 만나고
햇살의 윙크로 피어오르는
아지랑이의 치마 자락을

꽃은 바람을 만나
향기를 완성하고
벌 나비는 앞 다투어
생을 건너가는 전쟁 속으로

걷
는
다

봄의 왈츠가 시작되고
화로(火路)가 열리면
결국은 만나져야 할
밀물의 그리움 곁으로

아직도 걸어야 할
나의 이유는.

군복

실밥이 뜯겨져 집 나간 단추
어디서 찾아야 할까

푸른 무늬 얼룩바지
맞물린 치아처럼 지퍼를 꽉 깨문 채
벽을 붙들고 아슬아슬 매달려 있다

다듬고, 길들여진다는 그곳에서
주인 따라 나선 옷

얼핏, 일란성 쌍둥이들 집합소에서
내 별을 찾기가 쉽지 않았다

하루에도 열 두 번은 잠겼다 열었다 했을
손때 묻은, 무수한 날들의 유적 같았을

평일, 예비군 두 서넛이 기합이 빠진 걸음으로
편의점 주변을 서성이고 있다
군복바지다

어머니의 암반

돌덩이를 가르는 바람 톱
틈 사이로 숨겨뒀던 세월이 드러나고
언제, 그곳에 터를 잡고 아슬아슬
육신을 얹은 나무 한 그루 살고 있었는지
알 수 없다

어깨를 비틀면 쏟아질 듯
비탈에 선
송곳니 한 조각이
도미노의 공포를 암시할 뿐
흔들바위 사이로 통풍이 스치면
뿌리 끝이 시릴 것 같다

신경치료를 기다리는
어머니의 사상누각을 떠받친
뼈아픈 암반.

조화를 꿈꾸다

다시마 멸치 우려낸 육수에 된장을 풀었다 샛파란 햇쑥을 넣고 한소끔 끓이다 다진 마늘을 넣고 팔팔 열꽃을 피웠다 냄비 안에서 봄이 끓고 있었다 엄마의 냄새처럼 피어오르는 쑥 향기 작년 여름 엄마의 구부러진 허리를 짚고 뙤약에 그을려 예까지 굴러온 구릿빛 콩 검은 돈다발이 나왔다는 마늘밭을 총총히 걸어나온 알뿌리의 아린 맛 바다가 육지라면을 면발처럼 쫄깃쫄깃 흥얼거리다 뭍으로 기어 나와 팔딱이는 숨통을 옥죄며 객기를 부린 이단아 멸치 전복에 먹히느니 차라리 사람의 애간장을 시원히 뚫겠다 선언한 다시마 부조화를 한데 모아 끓였더니 시원한 푸른 바다 한 국자가 식탁에 오른다

동굴을 파다

늙은 어미 염소가 똥을 눈다
수분기 빠져나간 닫혀진 동굴
여물 맛이 안 난다며
고기 타령 회 타령 산삼 타령

피 한 방울 섞이지 않았어도
딸보다 더 오래 동고동락
그 숱한 시간 속을 헤집어
컴컴한 동굴을 판다

늙은 염소가 우는 엄살에 때론 가자미눈이 되다가도
밉상의 백발을 곱게 빗어 넘겨주는
하염없이 착한 눈매의 염소
버티기의 명수라고 하여서
염소라는 별칭을 붙여 주었다

쇠똥구리와 말똥구리를 불러보아도
감감무소식이다
변기통에 물 내려가는 소리만 요란하다
결국엔 구순의 늙은 염소의 항문을 파내주는
천사표 우리 형님은
인간 염소다

진달래로 핀 그녀

엄마는 점점
사월, 진달래가 되어간다

진달래 꽃잎 입술에 붙이면
수줍게 웃는 볼

신발 따라 나선 봄길
백발에 꽂은 꽃핀 하나
시폰 블라우스
꽃바람에 살랑이면
묵힌 체취도 향기롭다

엄마는
사월의 봄을 걸치고
진달래로 피어 걸어가신다

짜박짜박
팔십의 느린 걸음을 이끌고

비빔밥 사랑

비벼버린 비빔밥에서
골라낼 수 없는 참기름처럼
너와 나 그렇게 고소하게 비벼지길

꺼내 보여주지 못한 마음
비빔밥 그릇에 담고, 입안에 걸린 나물처럼
너는 나의 마음에 평생 그물이 되어지길

그 여름의 끝

밤새
내 마음을 뒤척거린다

매미가 마지막 여름을 뒤척거리듯
풀벌레 세레나데를 듣는 밤처럼

숲은 좀처럼 잠들지 않는다

나는 그 숲속에서 당신을 뒤적거리고 있다
언젠가 잠 못 드는 연애가 온다면
붉게 충혈된 눈으로 아침을 맞아도 좋다

루즈하게 방치해놓았던 심장이 펌프질을 한다
퍼 올려진 뜨거운 내 사랑의 마중물이
당신에게 흐를 때까지
어쩌면 나 종일 당신을 뒤척거릴지 몰라

새의 안식

어디서 온 천사일까
버릴 것 하나 없는 사람
쌔근거리던 숨소리 제법 거칠어진
내 어깨 위에 떨어진 고단한 숨소리
옆에 두고 보기에도 아까운 사람
넓은 강을 헤엄쳐 건너온 지친 물고기
험한 지구 돌고 돌다 이제야 깊은숨 토하며
어미의 어깨를 빌려 갓난쟁이 젖내를 찾는
깊은 숙면에 빠져든 달콤한 휴식
훌쩍 커버린 불규칙한 숨소리
그래, 고단한 날개 편히 쉬어 가렴

꿈을 꾸어보는

그대 마음에 닿고 싶어 여러 날
나, 향기를 태웠다

계절이 지나가고
바람 소리 침잠해지면
더 태울 수 없을 것 같던 나의 향기가
까만 재로 나풀거리며 날린다

마음과 마음을 잇지 못하고
마음과 마음에 닿지 못하는

그저
허공에 떠 있는 외딴 섬 하나 바라볼 뿐

시리도록 푸른 6월의 바다에
파도는 쳐서 출렁거리는
나의 마음아!

물

나는 물처럼 살고 싶다

온갖 더러운 것 다 씻어주고

깨끗하게 걸러주고 헹궈주는 맑은 물이 되고 싶다

저 깊은 심장 속

선홍의 핏물이 혈관을 따라 펌프질을 할 때마다

화색이 돌아 온화한 빛으로 다가서는

그대를 향해 흐르고 싶다

초록 샘의 싱그런 생기를 불어넣어

묵힌 피딱지들을 벗겨내고

곱게 마모된 조약돌 하나 되어

물속에 잠기고 싶다

대숲에 서서

대숲에 들어서니
사는 동안
곧게 살았느냐고 묻네

너처럼
대범하게 살지 못했다
고백했네

한 매듭
두 매듭

동글동글
매끈하게

매듭을
짓고

사철 푸른 절개로
당당히 서 있는

쭉 뻗은 몸피에 새긴
나이테

허공 속으로도 길을 찾아
잎을 세우는
대나무

가끔, 휘어진 굽은 길 위에서 서성거리는
얇은 막 하나도 없이
너무 속이 꽉 찬 나

새벽녘, 신음

새벽녘 나의 손을 덥석 무는 입술
거친 수염보다 더 가는 혓바닥을 드러내
나의 민감한 곳에 촉수를 내린다
단잠을 깨우는 범인을 잡고야 말겠다는
의지가 발동하는 시각

신경을 건드려 온몸을 반응하게 하였던 게
고작, 이 작은 것이었다니
설친 꿀잠에서 깨고 보니
손가락 사이를 빨았는지
오르가슴도 아닌 자극에
자꾸 내 입술의 침을 가져다 데어본다

신음만 뱉다 말고 금세 사라지는 새벽녘 손님의
일방적 추행

홈 키퍼를 인정사정없이 여기저기 뿌려대고
구멍 난 방충망 손질도 떠올리지만
오늘은 거미 한 마리 데려와 짜깁기라도 시켜야 할 듯

여름밤 느닷없는 모기와의 비상사태 선포 뒤에서
그의 주둥이가 돌아간다는 처서가
오는 길목 쪽으로 마음을 모아본다

황금알

새벽 문틈으로 새어드는 꼼지락 까치발 소리 달그락, 얕은 숨소리 볼륨을 낮춰도 이미 알아차리고도 돌아누운 불량함 언젠가 당신께 뻔뻔한 고해성사를 했지 장가를 잘못 와서 걸핏하면 아침도 못 얻어 들고도 생리 주기마냥 꼬박꼬박 꽂히던 불어난 통장이야말로 황금알을 낳는 당신이라고

진즉 닫힌 폐경에 흰바지를 즐겨 입어도 되는 나처럼 곧 내몰릴 위치에 놓인 갱년기 당신 삼식이*로 돌아올 그날이 와도 뜨겁게 사랑할 수 밖에

염치가 없으면 눈치라도 있어야 하는 법을 깨달은 겨울아침 현관문 여닫는 소리 정녕 외면해야만 하였을까

내일은 사랑 표 사탕이라도 입안에 굴리며 "여보 잘 다녀와" 내가 먼저 깨어있어 보아야지

*퇴직후 세 끼 밥을 집에서 해결해야 하는 남편을 우스갯소리로 부르는 별칭

3

세월, 돌을 깎다

귓속에 달팽이가 살았다

달팽이관 속에 달팽이가 정말로 사는가 보다
간질거리고 꼬무락거린다
샵에서 귓속의 습 제거를 받았다
동굴 안에 불이 지펴졌다
습한 동굴에서 태워진 달팽이
사체의 흔적이 면봉에 묻어 나온다
내 두 귓속에서 달팽이가 느릿느릿 신경을 툭 건드리며
신호를 보냈다는 게 맞아 떨어진 현실
새 소리에 달팽이관이 흔들린다
물소리에 달팽이가 꿈틀거린다

트로트에 맞춰 뱅글뱅글
어깨춤을 추는 달팽이

화해

오랜 시간 숱한 생각 속에서 우린 서로
돌멩이를 움켜쥐고 만지작거렸을 뿐

저 푸른 호수를
그저 바라만 보았을 뿐

먼저 던져주길 바랐으면서도

네가 던진 돌멩이로 포물선을 일으키며
내게로 닿기까지를

너와 나였다가
다시 우리가 되었다

절연했던 시간이 잘게 부서져
나이만큼 새겨진 주름살 너머로

이제 내려 놓는다
반질반질 닳아진 돌멩이 하나

소주는 사람을 알아본다

잘난 척 하는 남자 앞에서
소주는 제 맛을 꺼내어 든다
실오라기 하나 걸치지 않은 채
투명 유리병 속에서 찰랑거리던 그가
머리카락부터 빠져 나오더니
잘난 남자의 입술을 벌리고 들어가
그의 잘난 척에 기름을 부어주기 시작한다
온몸을 흔들어서 잘난 척, 잘난 척
자꾸만 추켜 세워주다가
결국엔 혀를 마비시키고 눈알을 게슴츠레
풀리게 한다
넥타이를 풀게 한다
소주의 시간이 지나고 나면
소주들은 일제히 잘난 이들의
등과 발을 떠민다
쓰디쓴 본래의 맛을 돌이켜 보게 하여 준다
더 잘났다고 떠들었던 남자일수록
소주 맛을 톡톡히 본다
소주도 사람을 알아본다.

말의 복수

말을 데려와 말을 만들고
말을 덧붙이고 말을 부풀리고
아무렇게나 던져버린다

말을 데려와 말을 두들겨 패고
잘근잘근 밟고 오물오물 돌려 씹고
훅 뱉어버린다

말을 데려와 색감을 칠하고
염색을 입히고 구김살을 다리고
그럴싸하게 포장을 한다

그 입을 베일 것이다
말이 공짜라고 맘대로 휘갈겨 쓰다가는
말에게 찔려 피를 흘리는 날이
닥칠 것이다

못과 뭇

빼내주지 않으면

평생을 박혀있어야 할 못

자신에게 박았던 못이라면
뭇으로 치자

내 안에서 끝내
녹슨 못 하나

대못질로 박혀버린
나만의 뭇.

새들의 안부

폭우 아래서
생을 지탱했을 둥지는
가냘픈 생명을 보듬기도 했다

단숨에 쓸려버릴 것 같은
절박한 순간 속에서
그래도 버텨낸 목숨

비가 그친 창문 밖 화단에서
지저귀는 새 새끼들의 울음소리
날개를 터는 어미의 몸짓 아래
천둥에도 귀를 닫았을
기억을 본다

살아 있음으로 내 귀에 걸려 살필 수 있는
새들의 안부

핀셋을 다오

혀끝에 독침이 도사리고 있다
튀어나오는 순간
꽃잎, 소스라치게 까무러지고
노을, 경계를 허물고 밤하늘 까맣게 미끄러지듯
목구멍 속에서 방언처럼 터져 나오는 말들
말의 폭력성
날카로운 소리로 가득 채워진 지구
헛배 부른 지구

천공이 생기기 전
당장, 입 닫치고 혀끝의 독침을 빼낼
핀셋이 필요한 때

볕 좋은 날

생각이 꿈틀거립니다
아지랑이 피어오르고
애벌레 꼬물거리는
꿈트림 하기 좋은 날

몸이 근질근질 부스럭댑니다
반응하는 대로 아간 그곳에
솜사탕 한 입 베어 문, 가슴 시리게 푸른 하늘이
솟구쳐 올라 잡히지 않는
초록으로 짙어가는 연둣빛이
나무에 걸려 반짝입니다

아무리 솜사탕 잡으려 쑥쑥, 나무를 밀어 올려 보지만
언제쯤 그 끝에 부드러운 당신 미소가 피어 있을까요

볕 좋은 날
이대로 보내실 건가요?

장미여관이 꽉 찼다

장미여관에서 쌕쌕 소리가 벽을 가른다
오월이면 담장 마다 오르는 신음들
가시를 후비고 터져 나오는 방언이
울타리에 걸쳐진 채
햇살에 기댄 꽃대가 사슴처럼 가냘프다
여럽게 벙글어진 꽃잎
끝내 헤어나지 못한 이성의 향기에
장미여관 울타리엔 덩쿨덩쿨
그녀 닮은 붉은 신음 벽을 두드리고
긴 목 빼고 타오르는 참을 수 없는 교성
해마다 오월이면 장미여관은 만실이다

*여럽다, 부끄럽다의 방언

장작

목석이었죠, 당신
푸르게 살아온 날들
거센 태풍에 휘청거렸을
반항 한 번 못하고
생을 마감하는 당신
마지막 숨결
까만 재 속에서
한 생이 남기는
씨앗을 품은 당신

내 마음의 푯말

‘꽃신 갈아 신고 있는 중’

푯말이
매화나무에 걸렸습니다

달이 어둠 속을 걸을 때

바다는 아직 검다
신발을 신고 길을 나서고
신발을 벗고 집을 들어서고
우리는 신고 벗고 벗고 신는다
해는 미처
바다를 깨우지 못하고 있을 때
보여지거나
보는 것이 전부가 아니라는
우리는 늘 불안의 연속이다

검은 바다 위를 걷는
저 달처럼

혀들의 장난

어제 내린 비, 가슴 밑바닥을 긁으며
흘러 내린다
저 많은 빗물 누구에게로 쏟아 부었을까

기억을 가두고 소리를 틀어막았다
온종일 떠들어 대는 실체 없는 진실

빗소리가 더 굵어지길 바랐다
세차게 내린 비에 고여 있던 시궁창이 휩쓸려가길 바
랐다

무성하게 달린 초록 잎에도 독소가 있다는 걸
아무거나 생각 없이 따서 먹다간
사지 관절이 마비될지도

비가 그쳤다

비가 언제 왔는지 모르게
옅은 해그림자는 구름을 뚫고
세상의 창문을 열어 젖힌다

나무들에게로 호흡이 걸리고
한 그루 씩의 풍경이 맺히고

마비되어도 좋을 혀들의 장난 비 아래에서

세월, 돌을 깎다

네가 담겼다가 간 자리
흐르고 흘려보내고
깨우고 깨워 보내고
바닥을 훤히 보여줬는데
아직 덜 깎인 작은 돌덩이 하나
가파르게 쏟아져 내린 세찬 줄기에
베이고 구겨지고 멍든 자국들
세월, 무심히 희미해져 갈 때
모래톱 사이를 헤집고 삐죽 기어 나온
반질거리는 그리운 기억
돌을 깎았어
심연의 깊은 곳에서
모나지 않게 둥글게 잘 마모된
콕 박힌 너의 그리움을 보았어

육쪽 마늘

보이지 않게 꽁꽁 감췄지
꽃샘바람에 여린 줄기를 내어주곤
뼘 몇 대 얻어터졌지
멀게만 느껴졌던 겨울도 잘 견뎌오고
유월이 해산달이라고
조금씩 고랑을 헤집고 솟아 오른
튼실한 왕 젖꼭지 여섯 개
겹겹이 두른 속살을 벗기자 매운 향기를 쏟아내며
아린 향 물려 주었지

벌리다

벌린다는 건
고통을 토하는 일
살아내기 위한 여린 몸짓의 몸부림

햇살을 무는 일
바람의 기침이 잦아들 때
허공을 짚고 돌담 위를 걷는 잡초

벌린다는 건 한 생명을 잉태하는 것
햇살이 주무르다 놓고 간 해찰에
천년 고찰(古刹) 기와가 들렸고
그 틈새로
초록 잎이 빼꼼히 천년을 살피는 일

노스님은 벌린 두 손 모아
참선에 들고
모세가 바다를 벌려 기적을 일으키는 것

벌린다는 건
벌린다는 건

감이 떨어지다

감이
감을 못 잡고
감이 떨어지네

폭염에 데인 볼을 문지르니
감꽃향기가 퍼지네

붉은 언어를 익히며
살아온 계절이

그대 입술을
기다리네

감을 잡기까지 내 시의 언어는
얼마나 더 많이 익어가야 하나

그 많은 달덩이들은 어디에 있을까

흐린 밤 며칠 안 보인다 했더니
배부른 만삭으로 나타나
휘영청 만천하에 수태신고를 하는 달

꼬리 아홉 달린 여우가 탯줄을 감고 미끄러지듯
발가락이 보이면
부풀었던 자궁이 서서히 쪼그라든다

한 달에 단 한 번 달거리 하듯
달도 차면 기운다고
매달 보름이면 만삭달 배를 푼다

여우가 달을 보며 산통을 느낄 즈음
거칠어진 숨통 사나워지는 울음소리
다시 점점 쪼그라들었다가도
다시 부풀어 오른 달

그렇게도 많이 낳았던 달덩이들은 다 어디에 있을까

끝내, 버석거리다 만 고목

그 나무에 꽃이 피긴 했을까
찰나에 피고 졌다는 걸
꽉 다문 봄의 입술을 훔친,
절정으로 치닫는 또 다른 계절의 발돋움 속
우렁우렁 짙은 초록이 살랑거리는 곁가지마다
덜 익은 청춘이 뜨겁게 내리꽂는 열기에
벌겋게 달아오르는 것을
차차, 시간이 흐른 후
걷히는 장막 너머로 마른 계절이 비켜서 오면
버석거린 고목은 마른 잎 쥐고
가냘프게 울고 서 있다
꽃진 자리에 까맣게 타들어 가는 검버섯이 자라고
숨통이 끊어진 절반은 벌레들 천국

4

생활의 聖者

거울 속에는 진실이 있다

말을 구겨서 버렸더니 미세먼지로 쌓이고
글을 구겨서 버렸더니 오물 쓰레기로 쌓이고
시어를 바늘에 꿰어 기웠더니
낙타 한마리가 사막을 걷는다

꽃 한 송이 거울 속에 피었다

벌이 날아오는가 싶더니
목하, 파리들도 따라와서 미끄러지는 중이다.

생활의 聖者

냄비 속에 푸른 바다가 들끓고 있다

넝클넝클 풀어 헤쳐진 채

고향의 절인 향수를 풀어낸다

미끄덕 미끄덕, 그래서 미역이라 불렀을까

참기름 한 스푼을 넣어주자 후끈 달아올라

소고기 뒷다리 살을 헤집고

미끄러지는 미역 가닥

육지와 바다의 궁합을 맨 처음 알아차려준 그이는

어려서 바다로 떠난 성자였을까.

만추

어찌할까요
불덩이처럼 타오르는 저 붉은 고열을
신열이 올라 몇 날 며칠,
바싹바싹 타들어 가는 마른 혈관을
예감할 수 없었던 생과 사 그 찰나에서
그만 내려 놓아야 할 마지막 온기
우듬지 끝 낭떠러지 아래
나뒹구는 부스러진 편린들
붉은 비가 어깨에 내려앉아 토닥이는
인적 드문 숲길

우리들 생의
어느 한 때와 같은

홍엽

너랑 오래도록 눈 맞추고 싶다
숨이 붙어 있기까지

건너온 계절이 바스락거린다
이제 서두를 때

잃어버린 립스틱 주워 바르고
마지막 입맞춤

흩어져 날리는 자유의 편린
주어진 기도의 시간이 끝나 간다

겨울나기

혜화동 마로니에 공원에
겨울이 턱 밑까지
올라앉았다
을씨년스러운
오후 다섯 시
스타킹을 핥고
허벅지를 추행하며 올라오는 냉기

벤치에 아슬아슬 드러누운 커다란 애벌레가
미동 없이 웅크린 온몸의
지퍼를 야무지게 여미고 둥지를 틀었다

마른기침을 해대는 낙엽들이 지나가고
누군가 머리맡에 놓고 간 차가워진
일용 할 양식

그가 고치를 뚫고 나올 수는
있을까

오늘 밤은
눈비가 내릴 거라는 일기예보
아래서

누가 널어 놓았을까

앞마당, 빨랫줄에 널린
일회용 기저귀

낭창낭창 늘어진 축축한
오줌보
누가 널어놓았을까

그 집에
아흔이 된 할머니가
한 살 된 증손자 사타구니에
손바람을 일으킨다

그 기저귀
아흔 살 할머니의 기막힌 생각
한번 쓰고 버리는 기저귀가
아흔의 마음속에서
꾸들꾸들 마르고 있다.

아드리아해

아드리아해
첫눈에 반한 당신

어디 나뿐일까

당신의 짙푸른 눈동자에
나의 검은 눈동자를 포개며
미처 아무 말도 하지 못했다

하늘빛과
당신의 커다란 눈동자를 분별할 수 없어
헤매다 되돌아가는 길

어느새 당신이 먼저 따라나섰더라
물비늘 이는 고요한 외침

나의 뒷모습 보이지 않을 때까지
당신 푸른 눈동자에 담긴
내 눈은 어린 날 붉은 지붕에 박힌
녹슨 못 같이

너의 두 얼굴

프라하는 두 얼굴을 가졌다
술에 취한 여인의 낮과 밤을 보는 듯
홍등 하나둘 켜지면 얌전한 암컷 고양이
홍조 띤 볼 터치
입가에 질질 침 흘리는 애교 작렬
한껏 부풀어 오른 하이 톤 콧소리
뭇 사내들 넘나드는 방음벽에 아우성치는
도돌이표 부메랑

홍등 꺼진 민낯의 그녀가 햇살에 눈을 떴을 땐
빛나는 요조숙녀
이제부터 프라하 성을 부뚜막의
얌전한 암고양이라 부르겠다

까롤교 위를 걷는 남자여!
어스름한 야밤엔 나가지 마라
블타바강 건너 암고양이 눈빛 슬슬 유혹을 켜는 중

까만 멍석말이

농부의 땀을 돌돌 말아 아닌 척
훔쳐 먹은 새까만 입을 봐
꾹 다문 저 입
삐져나온 뱃살
더러는 터진 옆구리 살

우적우적 두둘겨 맞는
어금니 고문

아이쿠, 고소하다
쨈통이다
깨소금이다

참기름이 지문을 핥는다
참깨가 구경삼아 나왔다

세우는 중

바람이 돌을 세웠다

햇살은 나무를 세우고

땅은 꽃잎을 세웠다

그리고 또,

새싹은 돌을 세웠다

그 여자는 그 남자를 세웠다

봄날은 세우기에 고군분투 중

별이 되는 사람들

지난 밤 별들이 또 늘었다

너의 별은 아직 보이지 않는다

어제도 오늘도 별이 되는 사람들

통곡 소리, 꽃잎처럼 흩어지고

뜨거운 눈물, 푸른 강을 이룬다

강물에 꽃잎이 번져간다

별이 된 사람아!

오늘 밤 홀로 울고 있을

강물에 떨어진 것은 꽃잎, 별 하나

그것 또한 너 였음을

가방을 든 여자

그 가방 안엔 비밀이 들어있다
그녀는 날마다 들키지 않을 비밀을 들고 다닌다
누구도 도저히 훔쳐볼 수 없는
햇살조차도 얼씬거리지 못하는
틈새로 유일하게 번지는 분 냄새
지워진 입술로 뒤적거리는 붉은 립스틱
주인을 못 찾은 분홍장화 한 짝이
손끝에서 미끄러지면
아직 길들지 않은, 검은 그물망의 가면을 쓰고
비밀번호를 까맣게 까먹은 마이너스 통장 하나
물고기가 덥석 물어주기만을 기다리는
오늘도 비밀 담긴 가방을 들고 집을 나서는
그녀의 구두 뒷축에 꽃피는 봄날이 피어난다

다리와 다리

다리로 다리를 건너갔다
저편에 서 있는 너에게로

다리로 딛고 다리를 밟아야
너에게로 가는 길

다리 아래로 흐르고 있었다
아직 감전되지 않은 전류

물빛에 비친 다리 속,
감춰진 그 속내

그 여자의 교도소

노란 물을 훔쳐 먹은 죄명으로
철망을 넘지 못하는
벽에 갇혀
우울한 봄을 건너는 여린 사람아!
민들레도 날개 뻗쳐 임 찾아가건만
어쩌자고 눈빛만 철망을 뚫는구나
쇠창살 틈 사이로
만지지 못하는 봄을
영영, 개나리 꽃물 붉다고 우길까?

낙화

-선암사 초입 연못에 홍매화 꽃잎들 떠있다

우수수 낙하에
몸살 날 줄 알았는데

연못 위에 부활, 분홍빛 수중화로 피어나
떼지어 돋아나는 홍매화 향기에

대웅전 돌아 나온 길섶에
꼰지발 세우는 까만 고무신

댓돌 위에도 내린 홍매화 꽃잎 속엔
누가 헤이며 왔을까
저렇게도 열렬한 난분분 속을

물살

어디서 시작된 물줄기인지
계곡을 쉼 없이 내달리는 물소리
물이 숨 쉰다는 걸
물도 숨 차 오른다는 걸
제 살을 바위에 부딪혀
득음의 경지에서 숲을 깨우는 청량한 저 물소리는
어느 강으로 모여
어느 골짜기를 거쳐 흘러 가는지

아직 가보지 못한 바다를 향해
전력 질주해야 하는 물길
물의 가쁜 호흡에서 하얀 재채기가 뿜어져 나오고
바위도 갉아버린 이빨 없는 무시무시한
급물살에
뿌리째 소용돌이치는 저, 인생

간절함

간절곶에 가면 간절한 그 소망 이루어질까
짧은 치마 무릎 위 아슬아슬 봄의 주름 접고
미농지 얇게 접어 편 커튼 자락 비집고
저 멀리 다가오는 뜨거운 욕망
진저리 쳐지는 뙤약볕에 서 있어도
잡히지 않을 뜬구름 위의 꿈

안개 속, 안개꽃 망울 꺾어 내게 오실이여!
깊은 한숨 토해내는 숨소리만, 한낮처럼
길고 길다

간절곶 그 곳에 가면 간절한 당신 남아 있을까
꽃들의 어지러움, 또 그렇게
향기로운 봄의 환희 속에서

타올 속의 그녀를 찾습니다

한가한 여름 낮
뙤약볕에 나체로 고실고실
몸을 말리다 말고
슬그머니 날아간
묘령의 얼굴
바싹 마른 바람에 몸이 더웠는지
하늘 향해 뒤척이는 속살
향기로운 살 냄새
바람의 손이 만져주었는지
간지럼을 타며 헤살거리는
탕녀를 주으러 나섭니다

절반의 사랑

그의 눈빛에 내가 담겨 있다는 걸
알았을 때
그에게 다가가기 위해 설레임 다섯 개를 먹는다
너무 터져오르지 않게
너무 떨리지 않도록
다섯 개는 다독여 남겨놓은 가슴
고장난 심장을 절반만 갈아엎기로 한다
하트를 듬뿍 넣어 실핏줄 사이사이 골 깊은 곳에
사랑의 필이 차고 흐르도록 해야겠다
한꺼번에 내어 줄 수 없는 이 가슴
절반만 사랑하고
절반은 가려 놓아야지

절반만 아프면 되니까

묘약

매미가 울대를 꺾어 목청껏
구애의 신호탄을 쏘아 올리듯
그녀는 목젖을 젖혀
노래방을 들었다 놓는다
흐렸던 하늘에 태양을 비추고
장맛비 지나간 자리에
햇살을 피워 올렸다
눈부시도록 파란 하늘가에
잠자리 떼 꽁무니 뒤로 솜털 구름이
지나간다
긴 장마 터널을 무사히 빠져나온
'빗속의 여인'*을 열창하는 그녀.

*유행가

|해설|

생활과 계절이 길항하는 시간의 서정들

정윤천(시인)

|해설|

생활과 계절이 길항하는 시간의 서정들

-정애경 시집 『발칙한 봄』

정 윤 천
(시인)

1.봄의 기억에 바쳐진 각성의 정서들

정애경 시인의 시를 읽는 일은 집 앞을 나서 '현재'의 시간 위를 걷는 일처럼 예사로운 행로이자 가뿐함이다. 비교적 무거운 말과 일상의 장면들마저도, 그의 시심의 필터를 거치는 순간 연수(硯水)처럼 부드러워지는 느낌을 대동하며 다가오곤 한다.

"어떤 향기는 상큼했고/ 어떤 향기는 텁텁했다// 그만/ 꽃 덫에 걸리고 말았다." (꽃 덫 전문) 그의 "꽃 덫"이라는 시를 시집 속의 첫 시로 접하면서, 시편들의 내면이 보다 확연해지기도 하였다.

일찍이 서정시에 관한 여러 차원의 살핌 중에서 자신의 내면이거나 바라봄에 충실해 있다는 의미이거나 관점에서 '자아'와 '세계'와의 관계를 규정하는 예가 먼저 자리하곤 하였다. 가능한 지점에서 세워진 정설일 수 있어 보였으나, 그의 시의 일단락들은 소위 '서정시'의 개념적 이해 이전에 이루어진 세밀하고도 밀도 높은 자기표현의 양식이었음을 눈치 채게 하여주고 있었다.

대부분의 시작에 대한 의도라거나 표현방식의 저간에는 자신의 기억과 현재, 생활의 단상들이 파노라마를 펼치며 있는 중이다. 그 자리에 시인의 생활사'가 점철되어 있다는 뜻이기도 할 것이다.

"시란 나에게 어떤 의미이냐고 물으신다면 나의 생활이라 감히 말하겠습니다. 일상에서 보고 느낀 오감의 감성으로 빚어낸 즐거운 일상의 행복한 삶이라고 말하고 싶습니다. 시를 통해 자연을 한 번 더 마주하게 되고, 그 자연을 통해 시심에 머물게 됩니다. 어린 새싹이 파릇하게 조금씩 기지개를 켜듯 (중략) 그리움 고독함 등 모두가 시심에 녹아내려, 아직 살아보지 못한 미래를 엿볼 수 있어 더욱 좋습니다. (하략)" 이 인용문은 언젠가 정애경 시인 스스로가 지면을 통해 밝힌 바 있는, 자신의 시에 관한육성의 일부분이다. 그의 시의 시종과 결과 무늬들이 이 속에 다 들어와 있었음을 여겨보는 것으로, 시집 "발칙한 봄"의 세계를 따라가 보기로 한다.

> 봄이 오면
> 내 마음 열어 둬야겠다
>
> 봄비 오면

빗금처럼 스며들 수 있게

그리하여
내 마음에도 봄꽃이 피어나

봄비 내리는 날
그대에게 소담히 서고 싶다

온통, 봄물로 가득히
그대에게 흐르고 싶다

젖은 향기로 흥건히
그대 가슴에 고이고 싶다

꽃비에 젖어
콧물감기에 걸려도 좋을 봄

-「문을 여니, 봄」 전문

시를 맞이하는 길목의 초입에 "봄"의 정서는 중요한 의지(?)를 간직하며 있는 듯이 보인다. 시인의 일상에 관한 정보에 따르면, 거주지 인근에 자리한 조계산 정상 등정의 기록이 수 백회에 이른다는, 이 바지런하고도 동적인 취향의 시인의 발걸음에는 곧잘 "봄"이 와서 걸려있고는 하였다.

첫 행을 여는 "봄"은 가설로 시작되는 중이다.(만약에 봄이 온다면) 언뜻 겹쳐지는 표현처럼 느껴졌던 "봄"이 돌연 2행에 와서, "봄비"로 치환되어 있다. "봄이 오면"

시인은 “봄비가 빗금처럼 스며들 수 있게”되기를 바라는 것이다. 그리고는 이 간략한 진술의 너비를 관통하고 나와 자신 역시 한 송이의 “봄꽃”으로 피어나기를 바래어 본다. “그대에게 소담히 서고” 싶은 열망을 간직하고 있었던 것이다. 마침내 “봄비에 젖어/ 콧물감기에 걸려도 좋을 봄”은, 정애경 시인이 어느 순간 제 마음의 빗장을 열고, “문을 여니,” 나타났던, 아니라면 거기 이상향의 꿈처럼 존재하고 있었던 “봄”의 의미이자 의지였던 셈이다.

봄, 문패를 달았다
벌렁거린 가슴으로 들어오는 향기들

문지방이 닳아도 좋다
가슴이 미어터져도 좋다
너라면 너의 향기라면

질식해도 좋다
황홀경에 빠져 헤어나지 않아도 좋다
너라면 너의 향기라면

취해도 좋다
불끈해도 좋다
너라면 너의 향기라면

봄날, 꽃물로 흥건한 그 집 문패
봄빛, 스며와 발칙한 향기들의 유혹

-「발칙한 봄」 전문

시집의 표제작이기도 한 "발칙한 봄"을 대하는 지점 역시 시인 특유의 "봄"에 대한 천착이 두드러져 보인다. 봄은 여기에서도 그의 열망이자 희구의 밑그림이며 바탕이었던 것이다. "봄"의 대문에 "문패를 달았다" 그의 의식이다. "벌렁거린 가슴으로 들어오는 향기들" 그렇게 쳐들어온 봄의 향기는 일시에 시인의 정신과 의지를 평정하며 무장해제를 시키기에 이른다. 그러니 봄이여, 너의 향기라면 "문지방이 닳아도" "가슴이 미어터져도" "질식해도" "헤어나지 않아도" "취해도" "불끈해도" 아무려면 "좋다"는 고백의 연발탄을 쏘아 올린다.

다소 과장되어 보이는 측면도 배제할 순 없으나, "봄"을 맞이하는 시인의 의식은 거의 "황홀경"에 가깝다. 한편으로는 시인 자신 역시 자신의 유별난 감정유발과 과잉 상태를 알아 챈듯, 그 "봄"을 일러서 "발칙한 봄"이라고 일갈하여 놓았다. 스스로를 한참이나 미치도록 열광하게 해주었던 "봄"이 한 편으론 "발칙"하게 여겨졌던 것도 사실이리라. 그럼에도 그 "봄"의 영역과 환상통으로부터 자유롭지 못한, 자신의 생래적인 성향에 "봄의 향기"를 내재한 '봄 시인'의 한 사람이 틀림없음을 짐작하게 하여 주었다.

그대가 온다는 것은
마음이 먼저 온다는 것

태양도 내 얼굴 닿기까지

밤을 건너고
숲을 헤치고
물을 넘어서 오듯

얼마나 어려운 마음먹기의
결정인가

그대에게 간다는 것은
마음이 앞서가는 것

향기가 그대 얼굴 닿기까지
꽃대궁 까지 차오르는
물관을 거슬러서
햇살에 고개를 쳐들어야만
이름 하나 얻어지는
얼마나 어려운 들꽃의
모습인가

-「들꽃의 마음」 전문

"들꽃의 마음"을 읽는 심정이 웬지 예사롭지만은 않다. "그대가 온다는 것은/ 마음이 먼저 온다는 것"이라고 말할 때. 이 사소해 보이는 한 줄의 진술은 무언가 시적대상이거나 질료를 향하여 내던진 각성(깨달음)의 표징이었기 때문이다. "들꽃의 마음"으로 헤아려야만 보여지거나 나타날 수 있는 장면이기에 그렇다는 말이기도 하겠다. 비록 한 송이의 들꽃으로 현현하여 있는 일상의 장면이라 한들, "밤을 건너고" "숲을 헤치고" "물을 넘어서"

도착하였을 "얼마나 어려운 마음먹기의 결정"이었음을 그는 지금 설파하고 있는 것이다.

"햇살에 고개를 쳐들어야만/ 이름 하나 얻어지는 들꽃"에 비견하여, 시인은 지금 어쩌면 시의 영역에서만 가능할지도 모르는 '그대에게 간다는"길의 간난신고를 은유하고 있었다.

무언가의 '쓴 맛'을 안다는 귀결의 지점이 이 시에는 새겨져 있음이다. 무릇 우리가 어디에서 무엇인가 하나쯤을 잃는다는 사실과 반대로 얻는다는 행위의 바탕에는, 우리도 모르는 사이에 길가의 박토와 바람이 키웠거나 아로새긴 "들꽃의 마음"이 존재하였던 것이다. 시적 형상화의 수위나 고저를 떠나서, 이 시가 건네어 주는 성찰의 기미가 사뭇 깊고도 아련하여 보인다.

이 시편이 또한 이제껏 그가 피력해온 "봄"의 기운이 배태한 "봄"의 명상의 일부가 아닐까 생각해 본다. 추운 겨울을 이기고 돌아와 들판의 도처에서 자생하는 "들꽃"들 앞에서, 누군가 누구에게로 온다는 일의 정처이거나 가없음의 정서를 정애경 시인은 이렇게 소리 내어 외워 보았는지 모를 일이다. 그게 바로 "들꽃의 마음"이지는 않았을까.

> "이제 막, 처녀들 물이 올랐다/ 매화나무가 안달이 났다/ 햇살의 손길이 막 (膜)을 찢는다/ 선혈이 낭자한 꽃잎에 벌이 침을 꽂는다/ 바람이 까슬하게 향기를 낚아채 몸을 섞으면/ 윗동네 사는 산수유, 아랫동네 사는 홍매화/

자지러지는 봄날 밤 / 신열이 오른 찔레꽃도 가시를 세우고 / 담벼락 넘나들며 금줄을 두른 개나리 / 노랑 종소리도 봄의 장막을 찢는다

-「膜찢는 소리」 전문

"膜" 찢는 소리를 '봄'찢는 소리로 돌려서 읽어본다. "봄날 밤" 시인은 "신열이 오른 찔레꽃도 가시를 세우"는 현현의 순간을 목도하고 있는 중이다.

정애경 시인의 '봄의 세계' 혹은 봄의 고움과 시새움이거나 미움까지를 함께 따라서 걷는 동안, "선혈이 낭자한 꽃잎에 벌이 침을 꽂는", 유한화서라고도 부르는 꽃 피는 차례와 같은 질서라거나 응시의 자세까지를 어렴풋하게나마 함께 공감해보았다는 기분이 들었다.

시인의 봄에 관한 바라봄의 각성이, 비단 길가에 피어난 노오란 개나리의 형상을 전하는 전이의 작업에서 그치지 않는 유별한 각고의 시간이 되기를 바라는 마음을 전하기로 한다.

2. 생활의 편린들에서 건너오는 시의 기척들

그의 생활시들을 살펴보기에 앞서 최근에 가장 가까이에서 읽었던 시 한 편을 여기에 옮겨 보기로 한다.

"가장자리로 갈수록 보이는 바닥/ 중심으로부터 멀어져 있는 곳에는/ 살림살이도 투명해 보인다 (중략) 희생을 배경으로 영역을 넓혀가는 저수지/ 가끔 얼어버린 수면 위에는/ 미라처럼 굳어버린 치어들이 있다// 유입된

물의 경로는 다양하다. (중략) 대물은 대물끼리/ 견딜만큼의 깊이에 자리를 잡는다// (중략) 중심으로 몰려드는 한 무리의 대물들/ 다시 주변을 감싸는 투명한 가장자리/ 그 치어들의.「최승화의 저수지 부분」이다.

일견 생뚱맞게 여겨질 수도 있는 인용시의 언저리에는 그럴만한 사연이 자리한다. 얼마 전에 어느 지면에선가, 시(저수지)에 관한「시감상」을 실었기 때문이다. 짧게 드러낸 필자의 시안(詩眼)을 돌이켜 보는 것으로, 그의 서정이며, 시인이 생활의 근거리에서 채집하는 시화에 따른 장단점들을 헤아려 보고자 한다. ”저수지“를 바라보는 시 읽기의 내력은 대강 이런 내용이었다.

“최승화의 저수지는 그가 지내는 세간(세상)과 더불어 완강한 인식의 처소이다. 현실의 물웅덩이이기도 하지만, 관념으로 길어 올린 두레박 속의 풍경 또한 시적 모색의 명민함으로 길항하며 있었다. “중심으로부터 멀어져 있는 곳에는 살림살이도 투명해진다”는 바라봄이 사뭇 섧게 읽힌다. 단지 여태까지 그렇게 살아왔던 대한민국의 ‘궁민’들이 떠올라서 만은 아니다. “가끔 얼어버린 수면” 위에 굳어있는 “치어”들. 저수지는 그렇게 “대물”(중심을 차지한)들의 안전한 사냥터이다. 무릇, 서정시가 자아와 세계간의 평면을 읊조리는 행태들에서 걸어 나와 도처의 비극들과 대치하는 눈과 입을 지닐 때, 한 편의 시라는 산물들이 또한 역사적 자산의 자리에 가 앉을 수도 있다는 사실을 상기하여 보도록 하자. 오늘도 우리들은 ‘저수지“속에서 살고 있음이다. 쫓고 쫓기며.”

그러니, 정애경 시인의 일단의 생활시들 역시 서정의 입체화(?) 지점에서 건져 올려진 시가 되기를 기대하는 마음이 크다.

지는 꽃이 더 아름다운 건 온몸을
불사르기 때문입니다

어떤 꽃도 지지 않을 수 없어
접힌 주름살마다 세월이 쓴 낙서로
가득 차 있습니다

우물에서 길어 올린 두레박 물질에서
삶속에 알알이 박힌
참사리, 꽃 *(본문에 참사리꽃으로 되어 있습니다)

엄마의 꽃이
이 세상에 가장 숨가쁘게 피었습니다

가장 애틋한 향기로 마르는 중입니다
지는 꽃이 주름 속에서 해맑게 웃습니다

사리가 박힌 엄마의 꽃을
참 사리, 꽃이라 부르렵니다

-「참 사리, 꽃」 전문

엄마라고 하는 시의 질료가 "이 세상에서 가장 숨 가쁘게" 피어났다가 "가장 애틋한 향기로 마르는 중"이라는 바라봄에서, 아마도 이 시는 그 시작과 끝을 다했을 지도 모른다.

그보다 놀라운 것은 그 꽃의 이름이 “참 사리, 꽃”이라는 비현실의 명명을 불러일으키고 있다는 사실이다. 그렇게 시인은 자신의 안에서 불멸하는 꽃 이름 하나를 세상에 내어 놓았다.

이는 생활시의 한 명편으로 시인들에게서 널리 알려진, 김신용 시인의 “누룽지의 시”에서 나오는 “저녁노을”과도 그 수위가 같은 장면일 수 있었다. 솥단지의 밑바닥에 자리한 밥의 일부가 더 많은 열을 받아 이루어진 누룽지를, 그는 “오체투지‘로 명명하였으며, 하루의 누룽지가 ” 저녁노을“일 것도 같아 보이는 희미한 유사성을 내비쳐 주었다. ”사리가 박힌 엄마의 꽃을/ 참 사리 꽃이라 부르렵니다“고 하였을 때. ”누룽지의 시“ 마지막 부분에서 누룽지를 밥솥에서 자란 ”나무“라고 돋을새김하여 주었던 명장면의 하나가 겹쳐져 보였다.

우주에 낚싯줄을 던졌다
덥석, 당신이 물었다
발버둥 쳐도
살이 찢겨도
벗어날 수 없는 바늘

때론 날카로운 바늘이 찌르는
구부러진 말들 곁에서도
사랑의 굴레에서 벗어나지 못한

당신은 내 곁에서 긴 여정을 풀었다
대물을 건져 올린
내 생의 순간이 찬란해 진다
언제나 참숭어 같은 당신
나의 낚시질은 단 한 번으로 끝이 났다

-「당신을 낚았다」 전문

"당신을 낚았다"는 시에 드러난 그의 감수성은 무엇보다도 먼저 보는 이를 즐겁게 하여 준다. '대물을 건져 올린/ 내 생의 순간이 찬란해"지는, 그는 자신의 일상 속에서도 행복지수가 높아 보이는 이 같았다. "언제나 참숭어 같은 당신"을 향해 시를 쓰는 한 여자의 마음이 "우주를 향해 낚시 줄을 던진" 기억 속에서 한 편의 어여쁜 시가 되었다. 수 많은 가족해체의 시대 속에서 이 시는 나름대로의 의미 있는 지점에 가로 놓인 유쾌한 '생활시'의 한 자리를 차지하고 있어 보인다.

비벼버린 비빔밥에서
골라낼 수 없는 참기름처럼
너와 나 그렇게 고소하게 비벼지길

꺼내 보여주지 못한 마음
비빔밥 그릇에 담고, 입안에 걸린 나물처럼
너는 나의 마음에 평생 그물이 되어지길

-「비빔밥 사랑」 전문

가끔씩 나타나는 “사랑”의 관념들 역시 그의 시의 한 특장으로 바라볼 수 있을 것 같다. 그렇게 “사랑”은 인간의 가장 원초적인 관념이기도 하였다. “비벼버린 비빔밥에서/ 골라낼 수 없는 참기름”에 대한 인식이 이 시의 뼈대이자 줄거리이다. 그는 그렇게 사랑의 합일이거나 영원함에 대한 희구를 “비빔밥”에 얹어 전하는 중이다. “꺼내 보여주지 못한 마음/ 비빔밥 그릇에 담고” “입안에 걸린 나물처럼” 상대방 역시 서로의 영혼 속에서 “평생의 그물이 되어지기를” 바라는, 시인이 추구하는 “사랑”의 단심으로 작동되는 중이었다.

잘난 척 하는 남자 앞에서
소주는 제 맛을 꺼내어 든다
실오라기 하나 걸치지 않은 채
투명 유리병 속에서 찰랑거리던 그가
머리카락부터 빠져 나오더니
잘난 남자의 입술을 벌리고 들어가
그의 잘난 척에 기름을 부어주기 시작한다
온몸을 흔들어서 잘난 척, 잘난 척
자꾸만 추켜 세워주다가
결국엔 혀를 마비시키고 눈알을 게슴츠레
풀리게 한다
넥타이를 풀게 한다
소주의 시간이 지나고 나면
소주들은 일제히 잘난 이들의
등과 발을 떠민다
쓰디쓴 본래의 맛을 돌이켜 보게 하여 준다

더 잘났다고 떠들었던 남자일수록
소주 맛을 톡톡히 본다
소주도 사람을 알아본다.

-「소주도 사람을 알아본다」 전문

그러니까 "소주"는 그가 일상의 일에서 만나진 시의 매개물이다. 그것은 돌연 "잘난 척 하는 남자들 앞에 서서" 한사코 "제 맛"을 꺼내어 드는 얼굴의 정면이었던 것이다.

그리하여 소주는 제가 지녔던 "맛"과 "시간"으로 상대의 허를 찔러대는 중이었다. "혀를 마비시키고 눈알을 게슴츠레"하게 하여 주더니, 나중에는 제 잘난 척의 상징인 "넥타이"마저 풀게 해버린다는 것이었다. 그러더니 "소주"는 결국에 그 잘난 체 하는 것들의 알량하고 부실한 "등과 발을 떠민"데 까지 제 영역을 넓혀 버린다.

그것은 우리가 세상의 도처에서 '소주 맛'을 톡톡히 보지 않으려면, 미리서 삼가거나 경계하지 않으면 안되는 일이 있을 것이라는, 나름의 경고이거나 경계의 지점을 이르고 있었다. 대부분 그의 시심은 자잘한 일상사 속에서도 발견할 수 있는 삶의 성찰로이어져 있음을 볼 수 있었다.

허망한 거대 담론의 외침들보다 때로는 이런 미세하고 미려한 바라봄의 순간이 시적 진실에서 더욱 돋보일 때는 있었다.

거울 속에는 진실이 있다

말을 구겨서 버렸더니 미세먼지로 쌓이고
글을 구겨서 버렸더니 오물 쓰레기로 쌓이고
시어를 바늘에 꿰어 기웠더니
낙타 한마리가 사막을 걷는다

꽃 한 송이 거울 속에 피었다

벌이 날아오는가 싶더니
목하, 파리들도 따라와서 미끄러지는 중이다

-「거울 속에는 진실이 있다」 전문

아무래도 "거울"은 남자보다는 여자의 생활용품이다. 자신의 생활 속에서 흔하게 마주치는 거울 안에서, 시인은 또다시 특유의 시를 발견한다. "시어를 바늘에 꿰어 기웠더니" "낙타 한 마리가 사막을 걷는다"는 비유가 녹록치 않은 각성의 순간을 열어 보이며 있다.

정애경 시인이 거울 속에서 대좌한 진실은, 우리들의 삶 속에서 '거짓 꽃'들이 피어날 때, 거기에로 꼬이는 "벌"과 "파리"들을 향한 일갈이자 반성으로 자리하는 것이다. 어쩌면 그의 이번 시집의 미덕은 그가 엮어가는 시의 여정이 올바른 삶의 태도의 근간을 마련해 나가는 데 있다는 점이었던 것도 같았다.

냄비 속에 푸른 바다가 들끓고 있다

넝클넝클 풀어 헤쳐진 채

고향의 절인 향수를 풀어낸다

미끄덕 미끄덕, 그래서 미역이라 불렀을까

참기름 한 스푼을 넣어주자 후끈 달아올라

소고기 뒷다리 살을 헤집고

미끄러지는 미역 가닥

육지와 바다의 궁합을 맨 처음 알아차려준 그이는

어려서 바다로 떠난 성자였을까.

-「생활의 聖者」 전문

정애경 생활시의 한 백미는 인용시에 와서 화룡점정을 찍었을 것도 같다. "냄비 속의 바다"는 "고향의 향수"이었다가 "미끄덕 미끄덕"거리는 것의 정체였다. "참기름 한 스푼을 넣어주자" '소고기 뒷다리 살을 헤집고" 나와 '미끄러지는 미역 가닥"이 되어 나타나는 것이다. 그렇게 시의 전면으로 나타난 미역은 어떻게 하여 성자(聖者)의 칭호를 얻게 되었을까. "육지와 바다의 궁합을 맨 처음 알아차린 "그"가 "어려서 바다로"떠났기 때문이라고 한다.

사유의 너비가 어지간해서는 잡아낼 수 없는 도약의 광경이 아닐 수 없다. 그가 비단 생활의 단상들을 옮기는 한가하고 편안한 시인만은 아니었음을 알게 하여주는 대목이리라.

3. 결론

시인은 행복지수가 높은 사람들일까? 다소 엉뚱해 보이는 질문일 수도 있을 것 같다. 정애경 시인의 '봄'의 노래들을 거쳐서 그의 "생활시"의 현재들을 접하는 동안, 어쩌면 그의 경우는 자신의 근거리에 시의 자리를 마련하여 놓음으로 하여 삶의 여유와 충만감이 더해지는 것처럼 느껴졌다.

그것은 그의 시가 지향하는 긍정의 힘들과 더불어서 올바름에 관한 꼿꼿한 천착 이거나 특정한 태도에 관한 반성의 개념들 속으로 독자들을 안내하여 주고 있었기 때문이다.

혜화동 마로니에 공원에
겨울이 턱 밑까지
올라앉았다
을씨년스러운
오후 다섯 시
스타킹을 핥고
허벅지를 추행하며 올라오는 냉기

벤치에 아슬아슬 드러누운 커다란 애벌레가

미동 없이 웅크린 온몸의
지퍼를 야무지게 여미고 둥지를 틀었다

마른기침을 해대는 낙엽들이 지나가고
누군가 머리맡에 놓고 간 차가워진
일용 할 양식

그가 고치를 뚫고 나올 수는
있을까

오늘 밤은
눈비가 내릴 거라는 일기예보
아래서

-「겨울나기」 전문

도시의 특정한 공간에서 마주친 한 노숙자의 모습이 시인의 예민한 시심을 자극하였다. 어쩌면 여기에 와서 그의 시 세계는 계절이라거나 생활의 근거리에서 길어진 자잘한 시들의 공간 너머에 새로운 지평을 여는 모습을 보여주었다. 물론 앞에서도 이런 방식이거나 착상으로 쓰여진 시들이 전혀 없었다는 뜻은 아니다.

무릇 시 작품의 다양한 시도와 결실 속으로는 자신이 살고 있는 '당대'와의 호흡. 인지상정의 도량. 역사와 시대라고 불리는 영속성의 문제 등이 한사코 제기되어 오고는하였다. 이는 모든 예술작품에게로 요구되는 지극히 당연한 명제였을 것이다.

“벤치에 아슬아슬 드러누운 커다란 애벌레가/ 미동 없이 웅크린 온몸의/ 지퍼를 야무지게 여미고 둥지를 틀었다“ 정애경은 자신이 살고 있는 당대의 염치들에게, 역사에게, 혹은 자신과 이웃들에게로 ”그가 고치를 뚫고 나올 수는 있을까“라고 묻는다. 하필이면 ”오늘 밤은/ 눈비가 내릴 거라는 일기예보/ 아래서“

아마도 정애경 시인이 시를 쓰지 않는 평범한 가정주부의 한 사람이었다면, 저렇게 바투어 서서 자신의 당대를 향하여 아픈 질문을 던지지 않았을지도 모른다. 지나쳐 버렸을지도 모른다. 어쩌면 시는 그렇게 인간이 발견해낸 위대한 정신의 소산임에 분명 하였다.

앞마당, 빨랫줄에 널린
일회용 기저귀

낭창낭창 늘어진 축축한
오줌보
누가 널어놓았을까

그 집에
아흔이 된 할머니가
한 살 된 증손자 사타구니에
손바람을 일으킨다

그 기저귀

아흔 살 할머니의 기막힌 생각
한번 쓰고 버리는 기저귀가
아흔의 마음속에서
꾸들꾸들 마르고 있다.

-「누가 널어 놓았을까」 전문

시집 “발칙한 봄”에 쓰여진 시들 가운데 몇 편의 전형성을 간직한 시들을 골라내어 편안하고도 낮은 목청으로 읽어 보았다. “누가 널어 놓았을까“를 끝으로, 그의 시의 유형에 관한 필자 나름의 어설픈 견해를 마칠까 한다.

“앞마당 빨랫줄에 널린/ 일회용 기저귀”의 광경은, 처음엔 흔치 않을 어처구니이거나 희극을 동반하며 왔다가, 불현듯이 아픈 장면의 속내 하나를 독자들에게 내어준다. “아흔 살”의 “할머니”가 바로 그 주인공이다. ‘낭창낭창 늘어진 축축한 오줌보“는 알고 보니 ”한 살“된 ”증손자“의 기저귀였던 것이다. ”한번 쓰고 버리는“ ”일회용 기저귀“의 존재를 아흔 살 할머니는 알 수 없었던 모양이다. 세월의 격절 때문이었는지 요사이 흔하게 거론되는 치매 때문이었는지는 확실하지 않아 보이지만, 그러나 상황은 몹시 ’비극‘쪽으로 기울여져 있다. 시인은 그 비극의 한 가운데에서 시의 입술을 열고 있었다. ”아흔의 마음 속에서/ 꾸들꾸들 마르는“ ”기저귀“. 어쩌면 자신과 이웃들과 세월과 생활과 그리고 시의 행간 속을 헤아려 보고 있는 표정이다. ”누가 널어 놓았을까“의 의문의 한 순간을 헤아려 보는 것이다.

이후로도 쓰여져 나갈 정애경의 서정 시편들에게도 여전히 "아흔 살"의 마음이 널려있기를 바래어 본다. 사실은 더 이상 바라지 않아도 좋을성 싶었다. 이미 그의 시안과 시심은 그 정도의 경계를 넘어선 듯이 비쳐졌으므로.

한편으로는 앞으로도 견지해 나가야 할 그의 시의 정신은 사실 "아흔 살"의 너머에 당도해야 할 것이었으니, 그의 시의 장도에 더욱 깊은 고심의 시간들과 각성의 순간이 찾아오기를 빌면서, 일상사 속에서나마 줄기차게 시세계를 가꾸어 온 시인의 노력에 심심한 치하와 함께 축하의 마음을 전하기로 한다.

> 매미가 울대를 꺾어 목청껏
> 구애의 신호탄을 쏘아 올리듯
> 그녀는 목젖을 젖혀
> 노래방을 들었다 놓는다
> 흐렸던 하늘에 태양을 비추고
> 장맛비 지나간 자리에
> 햇살을 피워 올렸다
> 눈부시도록 파란 하늘가에
> 잠자리 떼 꽁무니 뒤로 솜털 구름이
> 지나간다
> 긴 장마 터널을 무사히 빠져나온

'빗속의 여인'*을 열창하는 그녀.

-「묘약」 전문

그러려니 여기에 그 여자(정애경 시인)의 자화상이 오롯이 담겨져 있다. 일상을 긍정의 힘으로, 혹은 유쾌하거나 "발칙함"으로. '빗속의 여인을 열창하는 그녀"는 본인의 시집의 곳곳에, "봄"처럼 피어 있었다. 스스로의 "묘약"인 시를 손바닥 위에 받들고서는.

정애경 시집

발칙한 봄

2020년 11월 15일 인쇄
2020년 11월 20일 발행

지은이 | 정애경
펴낸이 | 강경호
인쇄 · 기획 | 도서출판 시와사람
등록 | 1994년 6월 10일 제 05-01시와사-0155호
주소 | 광주시 동구 양림로119번길 21-1(학동)
전화 | (062)224-5319
팩스 | (062)225-5319
E-mail | jcapoet@hanmail.net

ISBN978-89-5665-577-2 03810

값 10,000원

*잘못된 책은 바꾸어 드립니다.

공급처 ■ 한국출판협동조합

경기도 파주시 탄현면 오금리 202번지
주문전화 (02)716-5616, 070-7119-1740